ADAM J. KURTZ

UN JOUR
1 Page

MARABOUT

Publié pour la première fois aux États-Unis sous le titre *1 Page at a time*
par Penguin group (USA) LLC, 375 Hudson Street, New York.
© 2014, Adam J. Kurtz

Traduction : Luce Michel

© 2016, Hachette livre (Marabout)
Toute reproduction d'un extrait quelconque de ce livre, par quelque procédé que ce soit,
et notamment par photocopie ou microfilm, est interdite sans autorisation écrite de l'éditeur.

EN MÉMOIRE DE
Blanche Davids Jewirtz

QUI M'A APPRIS À :

1 ne jamais AVOIR PEUR DE POSER DES QUESTIONS
2 S'AUTORISER DES petits PLAISIRS
3 APPRÉCIER les surprises QUE LA VIE NOUS RÉSERVE
4 Tout DÉCRIRE

"I love you, a bushel & a peck[1]"

---

1 Titre d'une chanson de Doris Day. [N.d.T.]

CECI POURRAIT ÊTRE
n'importe quoi :

- ☐ Un journal intime
- ☐ Un souvenir
- ☐ Un calendrier
- ☐ Un ami
- ☐ Tout ça à la fois

CE N'EST que DU PAPIER

Le reste
NE DÉPEND
que de
VOUS !

(avec un petit coup de main)

✓ **MISE EN PLACE ACHEVÉE**
▬▬▬▬▬▬▬▬▬▬ 100%.

Prenez un moment pour vous enregistrer

NOM : _____

DATE : _____

(CONTINUER)   (QUITTER)

> QUELS SONT VOS OBJECTIFS POUR L'ANNÉE À VENIR ? ÉCRIVEZ-LES CI-DESSOUS.

PERSONNES QUE JE PEUX APPELER N'IMPORTE QUAND

Meilleur(e) ami(e)

Un parent

Frère ou sœur cool

Frère ou sœur moins cool

Tante préférée

Me doit un service

A une voiture

Toujours prêt(e) à faire la fête

Connaît tout sur tout

En connaît juste assez

Grand-parent

Un autre

SÉLECTIONNEZ LES SENTIMENTS
qui font le plus écho en vous

- [ ] La vache, je suis si heureux d'être en vie
- [ ] Faut juste que je persévère
- [ ] Tout est possible
- [ ] L'amour, c'est débile
  (mais je pourrais en avoir un peu, SVP ?)
- [ ] J'ai peur de la mort, tout en appréciant qu'elle soit inévitable
- [ ] Je fais passer les autres avant moi-même
- [ ] Internet m'étouffe, mais je ne peux pas vivre sans
- [ ] Le changement, c'est maintenant (ou pas)
- [ ] Les gens sont capables de changer (moi inclus)
- [ ] Si j'arrive à traverser cela, je survivrai à tout
- [ ] J'ai "ce truc en plus" qui me fera toujours aller de l'avant
- [ ] Ah ouais, ce livre est du genre intense

QUELLE HEURE EST-IL ?

Certaines pages ne sont là que pour vous, sans incitations ni blagues.
Pas de panique ! Ne réfléchissez pas : écrivez ou dessinez, laissez simplement les choses se faire !

APPRENEZ À DESSINER

Étape n°1 :
Dessinez deux carrés ci-dessous

FÉLICITATIONS ! VOUS Y ÊTES ARRIVÉ !

ABANDONNEZ VOS HABITUDES
pour vous lancer dans quelque chose
que vous n'aviez jamais tenté auparavant.

COLLEZ UNE CARTE DE VISITE
SUR CETTE PAGE :

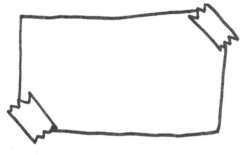

C'est celle de qui ?
   Elle vient d'où ?

Si au début vous n'y arrivez pas, c'est normal. Si vous n'y arrivez jamais, sincèrement, je ne sais pas quoi vous dire.

Hé ! Quelles sont les dernières nouvelles ?

DÉCRIVEZ UNE FÊTE D'ANNIVERSAIRE D'ENFANCE

✱ Vous retrouverez ces grands espaces d'expression au fur et à mesure de votre avancée. Parfois, il n'y a tout simplement pas de direction évidente à prendre. Inspirez profondément et laissez-vous aller.

QU'EST-CE QUE VOUS DEVENEZ ?
📷 PARTAGER cette page sur #unjour1page,
qu'on puisse y jeter un coup d'œil !

Comment vous appelez-vous ?
Pourquoi ce prénom & qui l'a choisi ?
   Quelle est sa signification ?
Et vos surnoms ?

Si les chiffres vous accablent, une grille peut aider. Espacez-les et additionnez-les !
Si vous l'abordez sous un autre angle, la situation n'est pas si catastrophique que ça.
Dessinez ici votre première grille. ✶

Pensez à une chose qui vous déstabilise,
 et écrivez-la en ÉNORME.
Que cela remplisse la page tout entière !
Fixez-la, et maintenant,
         TOURNEZ LA PAGE.

À votre avis, VOUS SEREZ OÙ DANS CINQ ANS ?
VOUS ÊTES "SUR LES RAILS" ou pas ?
VOUS EN ÊTES PLUTOT SÛR, ou vous le supposez ?
Est-ce que cette question n'est pas juste FLIPPANTE
& HORRIBLE ?

> Copiez cette phrase vingt fois,
> ou jusqu'à retenir la leçon !

JE PEUX TOUT FAIRE

DÉCRIVEZ QUELQUE CHOSE QUE VOUS AVEZ VU PAR TERRE AUJOURD'HUI.
(C'était où ? Qui l'a placé là ?)

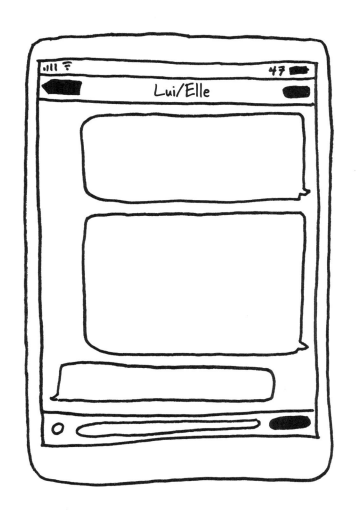

Envoyez un SMS à CETTE PERSONNE QUE VOUS AVEZ RENCONTRÉE HIER SOIR. (Allez, ne soyez pas nerveux !)

SORTEZ DU CADRE !

DRESSEZ LA LISTE
de vos indispensables en cas de maladie

- ☐ Boire beaucoup
- ☐ Kleenex
- ☐ Vitamine C
- ☐ Un peu de compassion
- ☐
- ☐
- ☐
- ☐
- ☐
- ☐
- ☐
- ☐

PUBS ⓘ

PAGES BLANCHES ▼
Cliquez ici pour un vide extraordinaire

DÉBARRAS ▼
Marre des mots ? Laissez-nous nous charger du travail

MAUVAISES BLAGUES ▼
Cent gags et chutes pourris rien que pour vous

BLAGUES PATERNELLES ▼
Son histoire est nulle, mais drôle quand même & vous adorez votre père

BLAGUES MATERNELLES ▼
Est-ce que j'ai l'air de plaisanter ?

CRAYON EXPRESS ▼
Pour rester à la pointe

N'OUBLIE JAMAIS ▼
Écrire pour se souvenir
Et voilà, je pleure maintenant

Placez ici votre propre publicité

★ Vous avez rempli la page avec la liste des indispensables en cas de maladie ? C'est peut-être juste une impression, mais la gorge me picote... Mieux vaut prévenir que guérir !

Chère maman,

ÉCRIVEZ UNE LETTRE À VOTRE MÈRE

ÉCRIVEZ POUR VOUS-MÊME CE QUI VOUS MOTIVE EN SECRET, puis pliez cette page sur elle-même autant de fois que vous le pouvez !

✱ Hum, la page pliée qui précède semble bien intéressante… REMPLISSEZ VITE CELLE-CI AVEC DE QUOI DÉTOURNER L'ATTENTION !

Décrivez-vous en QUINZE MOTS, sous forme de phrase ou de liste.

TOUT CE QUI S'EST MAL PASSÉ AUJOURD'HUI :

N'OUBLIEZ JAMAIS : vous êtes une machine géante, au sens littéral du terme. Riez à cette idée et souvenez-vous que tous les autres en sont une aussi.

TROUSSE DE SOINS

Remplissez cette case de plein de bonnes choses !

✶ Vous savez ce qui serait bien aussi ? Une trousse de « Je m'en fous »... Pleine de « LAISSEZ-MOI TRANQUILLE ».

RETOUR À L'ENVOYEUR

Trouvez les adresses postales de trois amis habitant loin & cette année envoyez-leur des cartes postales. Cochez votre liste une fois que c'est fait !

DÉCRIVEZ VOTRE RENCONTRE AVEC VOTRE MEILLEUR(E) AMI(E)

* Vous êtes BEST FRIEND 4 EVER ? Promis, juré, craché ?

Scotchez une note de restaurant sur cette page & décrivez votre repas
___

Ce que je voulais VRAIMENT dire :

... et maintenant, *CE QUE JE VOULAIS VRAIMENT VRAIMENT DIRE ET N'ENVISAGEAIS MÊME PAS D'ÉCRIRE, MAIS MON LIVRE M'Y OBLIGE, VOILÀ, J'AURAIS ESSAYÉ :* ✱

OÙ ÉTIEZ-VOUS LA SEMAINE PASSÉE ?

Quelle a été la chose LA PLUS ÉPROUVANTE à laquelle vous ayez eu à faire face l'année dernière ?

Cet espace est à **VOUS**

FABRIQUEZ VOS CHOCOLATS PERSONNALISÉS POUR LA SAINT-VALENTIN !

Continuez !

Recouvrez cette page de POP-UPS ! ×

Faites discrètement le bien autour de vous. Donnez de l'argent à un SDF, laissez un gros pourboire au serveur. N'en parlez à personne. Il ne s'agit pas de booster votre ego. Contentez-vous de noter la date de votre bonne action ci-dessous.

Je sais que ce n'est pas une excuse, MAIS

✱ Dessinez une grille, puis remplissez les cases avec de grands X pour créer votre propre dessin au point de croix.

QUEL EST VOTRE PLUS GRAND SOUHAIT POUR L'AVENIR ?

Hé, tu dors ?
Je voulais juste
te dire merci.

Ça m'a vraiment
touché ce que
tu m'as dit.

A+

AUJOURD'HUI, PRENEZ UN MOMENT POUR OBSERVER QUELQUE CHOSE DE minuscule. QU'AVEZ-VOUS VU ?

FAITES UNE PLAYLIST POUR UNE SOIRÉE D'ANNIVERSAIRE :

1. The Grates
"19 20 20"

2.

3.

4.

5.

6.

7.

8.

Attendez ! Ne postez pas ça ! Inscrivez ci-dessous votre mise à jour de statut rageuse, puis 🖻 PARTAGER une photo... Si vous en avez vraiment encore envie.

N'oubliez pas d'utiliser #unjour1page quand vous partagez des pages de ce livre, comme ça on pourra tous les voir ! Je vous le rappellerai aussi plus tard. ✶

ON EST BIENTÔT ARRIVÉS ?

☐ Non   ☐ Non   ☐ Non
☐ Non   ☐ Non   ☐ Non
☐ Non   ☐ Non   ☐ Non
☐ Non   ☐ Non   ☐ Non
☐ Non   ☐ Non   ☐ Non
☐ Non   ☐ Non   ☐ Non
☐ Non   ☐ Non   ☐ Non
☐ Non   ☐ Non   ☐ Non
☐ Non   ☐ Non   ☐ Oui

*Offrez-vous une *sieste*!

✱ AHH, ENCORE CINQ MINUTES, PITIÉ ! Pourquoi est-ce que je suis encore plus grognon après une sieste ?

♡ J'AIME ÇA
♡ J'AIME ÇA
♡ J'AIME ÇA ♡ J'AIME ÇA
♡ J'AIME ÇA ♡ J'AIME ÇA
♡ J'AIME ÇA ♡ J'AIME ÇA

INSPIREZ PROFONDÉMENT & COMPTEZ JUSQU'À 10, RECOMMENCEZ

|||| ||||

Respirer semble aller de soi, mais ne vous sentez-vous pas mieux après toutes ces longues inspirations ? ✱
Faites-en une de plus, inspirez vraiment profondément par le nez, sentez votre poitrine se soulever.
Retenez votre souffle pendant quelques secondes, puis relâchez-le super lentement. OK, poursuivons.

VOUS POUVEZ Y ARRIVER !
(enfin, selon ce dont il s'agit)

RÉINVENTEZ VOTRE CARTE D'IDENTITÉ.
Qu'y a-t-il dessus ? Qu'est-ce qui compte ?

L'ÂGE ? LA TAILLE ?
Vous souriez sur la photo ou pas ?

MÉTIERS DE RÊVE :

~~Siesteur~~   ~~Mangeur de bonbons~~

CE N'EST que DU PAPIER !
Découpez soigneusement
cette page en un long ruban. Ou pas !

RELIEZ LES POINTS DANS N'IMPORTE QUEL ORDRE :

QUE VOYEZ-VOUS ?

✶ Marquez vos propres points au hasard et tentez de nouveau de les relier !

Attendez, faut que je twitte ça

140 TWEET

NOTEZ LE NOM DE CINQ AMIS
QUE VOUS PENSEZ NE JAMAIS PERDRE

1 ————————————————

2 ————————————————

3 ————————————————

4 ————————————————

5 ————————————————

SCOTCHEZ UN TICKET DE BUS,
DE TRAIN OU D'AVION SUR
CETTE PAGE
(Où allez-vous ? Pourquoi ?)

COMMENT JE ME SENS

- ☐ Tout craint
- ☐ Certains trucs craignent
- ☐ Parfois, je crains
- ☐ Parfois, tous les autres craignent
- ☐ Rien ne craint jamais !
- ☐ Tout craint parfois
- ☐ Ta gueule

Écrivez un secret dans le noir !

HÉ, QU'EST-CE QUE VOUS FAITES AUJOURD'HUI ?

COMPLÉTEZ CETTE DÉCLARATION JUSQU'À CE QUE
LA PAGE SOIT REMPLIE :

Si je peux _____, je peux tout faire.

Appréciez l'inconnu

SCOTCHEZ UNE PHOTO OU UNE IMAGE ICI, PUIS ESSAYEZ DE LA REPRODUIRE EN-DESSOUS !

Lorsque la vie referme une porte, elle ouvre une fenêtre, mais si la porte n'est pas verrouillée, il n'y a aucune raison pour que vous ne puissiez pas l'ouvrir vous-même, non ?

| http:// | OÙ ALLEZ-VOUS ? | ALLER À |

ÉTALEZ-VOUS

Ces pages sont les meilleures ! Vous ne pouvez pas toujours vous mettre à hurler en public, mais ici, ✱
c'est possible.

✱ Dessinez une grille. Est-ce que vous pouvez faire tenir un mot minuscule dans chacun des carrés ? Pouvez-vous y écrire une histoire qui s'y inscrit parfaitement ?

DESSINEZ LA MAISON DE VOS RÊVES
(ou l'appartement ! ou le château !)

CE N'EST que DU PAPIER !
DESSINEZ DU SEL, PUIS...
JETEZ-LE PAR-DESSUS
VOTRE ÉPAULE POUR
VOUS PORTER CHANCE.

ARRÊTEZ-VOUS SUR UN PONT QUI ENJAMBE UNE ROUTE & COMPTEZ LES VOITURES QUI PASSENT DESSOUS À TOUTE ALLURE.
Alors, vous éprouvez quoi ?

FAITES UNE PLAYLIST POUR VOTRE JOGGING :

1. Weekends
   "Raingirls"

2.

3.

4.

5.

6.

7.

8.

| PROJETS DE VOYAGE | Quel est le monument que vous avez le plus envie de voir ?

COUPE-FAIM

- ☐ Une pomme
- ☐ Une glace
- ☐ Un carré de chocolat
- ☐ Un deuxième
- ☐ Des amandes
- ☐ Une barre de céréales
- ☐ Des chips
- ☐ Un croissant
- ☐ ~~Bâtonnets de carotte~~
- ☐ Une part de gâteau
- ☐ Des bonbons
- ☐ 3 cookies
- ☐ Encore un carré de chocolat
- ☐ Une tartine

CONSERVEZ QUELQUES SENTIMENTS DANS CES BOCAUX.
DESSINEZ D'AUTRES BOCAUX. VOUS POURREZ LES
SAVOURER CET HIVER !

ÉCRIVEZ DES PAROLES D'ENCOURAGEMENT POUR UNE JOURNÉE POURRIE.
(Comment vous y prenez-vous quand rien ne va ?)

CROYEZ-VOUS À L'ÂME SŒUR ?
La vôtre est-elle là, quelque part ?
Est-ce qu'on en a plusieurs ?
Écrivez un mot à la vôtre, où qu'elle
se trouve !

NOTEZ TOUT CE QUI VOUS ENNUIE, PUIS TOURNEZ SIMPLEMENT LA PAGE

BILAN TRIMESTRIEL

REPENSEZ AUX TROIS MOIS ÉCOULÉS & DONNEZ-VOUS UNE NOTE SUR L'ÉCHELLE DES SMILEYS

☺ Bien   ☺ Moyen   ☹ Médiocre

- Allure générale ○
- Progression personnelle ○
- Forme physique ○
- Capacité à anticiper ○
- Prendre soin des autres ○
- Manger équilibré ○
- Rythme de sommeil ○
- Être au top ○
- Santé mentale ○
- Créativité quotidienne ○
- Faire preuve de bonté ○
- Appeler ses parents ○
- Travailler dur ○
- S'amuser ○
- Se conduire en ami ○
- Rester calme ○
- Faire de son mieux ○
- Apprécier son espace personnel ○
- Gagner sa vie ○
- Sortir ○
- Ce petit truc en + ○
- Se sentir satisfait ○
- Tweets marrants ○
- S'en sortir ○

ASSEYEZ-VOUS SOUS
LA DOUCHE. VOILÀ.

QUESTION D'ANONYME :

Je te déteste, t'ai moche. Blague !
T'es canon, quel é ton secret de beauté ?

NOMS DE MES FUTURS ANIMAUX DE COMPAGNIE :

* Heureusement que le chocolat existe, pas vrai ?

> ÉCRIVEZ CI-DESSOUS UNE CITATION QUI VOUS INSPIRE, PUIS PARTAGEZ-LA EN LIGNE AVEC VOS AMIS !

📷 PARTAGER #unjour1page

DESSINEZ UN MILLE-FEUILLE & DÉCRIVEZ CHACUNE DE SES COUCHES

*

C'est un gâteau énorme ! Peut-être qu'on devrait dessiner une salade la prochaine fois, ou au moins un bâton de céleri ou un truc du même genre.

DONNEZ CETTE PAGE À UN(E) AMI(E)

Écris l'histoire au sujet de laquelle tu as promis de ne plus rire et qui est pourtant absolument hilarante.

Scotchez un billet de 5€

sur cette page & oubliez-le !

ÉCRIVEZ-VOUS UNE LETTRE POUR VOTRE FUTUR-VOUS DANS SIX MOIS

Cool, maintenant, écrivez une lettre pour votre futur-vous dans trois minutes !

✷

VOUS VOUS EN SORTEZ ? ALLÔ ?

LISTEZ TOUT CE DONT VOUS AVEZ
EU PEUR, PUIS RAYEZ CE QUE
VOUS AVEZ SURMONTÉ !

LES ARAIGNÉES
~~LES ADOS~~
~~LE NOIR~~
LES MOMIES

Il n'y a RIEN en travers de votre chemin

ENFILEZ UN VÊTEMENT À L'ENVERS & RACONTEZ-MOI COMMENT ÇA S'EST PASSÉ :

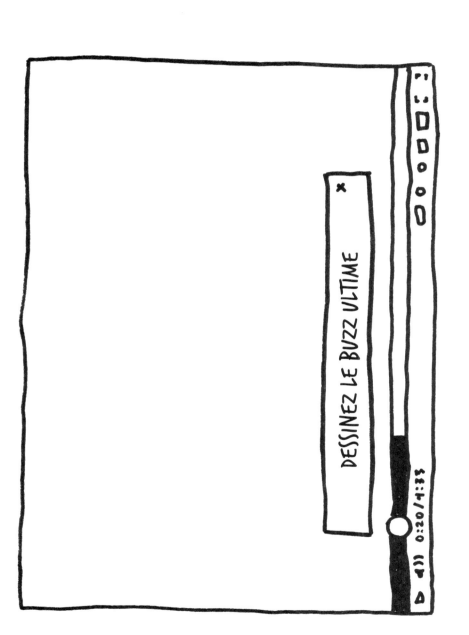

Je dis ça, je dis rien, mais vous avez méchamment appuyé sur la page avec ce stylo. ✳
Vous pourriez y aller mollo, s'il vous plaît ?

Emplissez tout cet espace libre.
Fixez-le.
Maintenant, tournez la page.

LE BONHEUR EST-IL UN LIEU ?
L'"atteint"-on jamais ou est-ce plutôt un regard porté sur la vie & son cheminement ?

CONTENTEZ-VOUS D'ÉCRIRE VOTRE NOM.
SOYEZ PRÉSENT ICI ET MAINTENANT.
VOILÀ, C'EST TOUT.

ALLEZ VOUS OFFRIR UN CAFÉ OU UN THÉ.
INSTALLEZ-VOUS EN TERRASSE. DÉCRIVEZ
TROIS PERSONNES QUE VOUS AVEZ VUES.

* ON DIRAIT BIEN QUE PERSONNE N'A RIEN REMARQUÉ, NE VOUS PRENEZ PAS LA TÊTE AVEC ÇA !

LISTE DES CHOSES À FAIRE

☐ Faire une liste
☐ Cocher les deux premières cases

✶Offrez✶-vous une séance de cinéma !✶

✱ Qu'êtes-vous allé voir ? Scotchez votre ticket sur cette page et racontez-moi tout !

RESTEZ IMMOBILE PENDANT UNE MINUTE. Fermez les yeux & inspirez & expirez très lentement. Concentrez-vous sur la place qu'occupe votre corps dans l'espace.

Non, je parle de l'espace sidéral. Miaulez comme un chien. Wouaf ! Popcorn.

Fer à cheval. Que se passe-t-il là tout de suite ? Ok, maintenant, ouvrez les yeux.

SCOTCHEZ UNE PAGE D'UN AUTRE LIVRE
OU CAHIER SUR CELLE-CI
(il m'arrive de me sentir seul)

ALLEZ VOUS COUCHER

<u>VOUS ÊTES UNE STAR !</u> Sans doute... Comment s'intitulerait le film de votre vie ? Qui jouerait votre rôle ? Dessinez l'affiche !

LES HUIT MEILLEURES PARTS DE PIZZA

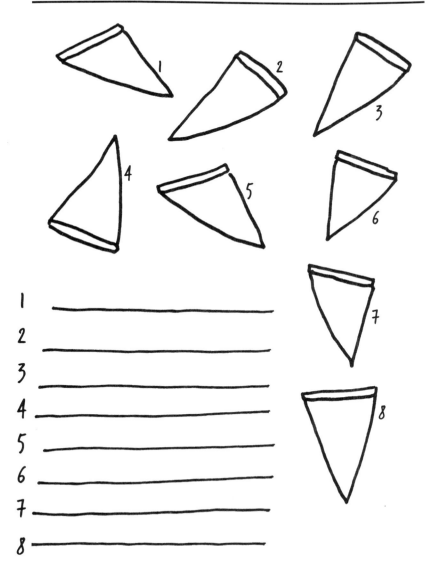

1 _____
2 _____
3 _____
4 _____
5 _____
6 _____
7 _____
8 _____

QUELLES SONT LES CHOSES QUE VOUS POUVEZ ACHETER POUR 1 € ?

QUELLES SONT LES CHOSES QUI NE S'ACHÈTENT ABSOLUMENT PAS ?

✳ Vous a-t-on un jour organisé une fête surprise ? Racontez-moi tout, je suis jaloux !

DESSINEZ UNE ÉCHELLE
(ATTENTION À LA MARCHE)

DONNEZ CETTE PAGE À UN(E) AMI(E)

Écrivez un mot pour ceux
que vous serez un jour

QU'EST-CE QUE VOUS VOULIEZ ÊTRE
"QUAND VOUS SEREZ GRAND" ?
ET MAINTENANT, COMMENT VOUS SENTEZ-VOUS ?

```
NOUVEAU MESSAGE

À : VOUS
CC : TOUS LES AUTRES
CCI : MOI

OBJET :
```

ÉCRIVEZ UN EMAIL À CEUX QUI ONT UN JOUR DOUTÉ DE VOUS… Y COMPRIS VOUS-MÊME !

Est-ce que cela vous est déjà arrivé d'écrire un email et de le sauvegarder sans l'envoyer ? Parfois, écrire suffit. Utilisez cette page pour mettre sur le papier quelque chose que vous avez uniquement besoin de vous sortir du crâne. ✶

HÉ, QU'EST-CE QU'ON FAIT CE SOIR ?

SCOTCHEZ QUELQUE CHOSE
QUI BRILLE SUR CETTE PAGE.
D'OÙ CELA VIENT-IL ?

FAITES DE LA PLACE POUR VOUS-MÊME

VOUS FERIEZ ÇA
LES YEUX FERMÉS !

RETWEET APRÈS MOI :
JE PEUX TOUT FAIRE
#unjour1page

    110   TWEET

> **DONNEZ CETTE PAGE À UN(E) AMI(E).**

Ne faites rien.
Asseyez-vous & parlez pendant des heures.
C'est ce qu'il y a de mieux dans l'amitié.

Dessinez un cadre. Ou faites ce que vous voulez ! Acceptez de rentrer dans le moule ou luttez contre le système. Inventez vos propres règles ! Ouaiiis !! ✷

TOUTE RELATION AMOUREUSE NOUS APPREND QUELQUE CHOSE SUR CE QUE NOUS VOULONS OU CE DONT NOUS AVONS BESOIN CHEZ L'AUTRE. QU'AVEZ-VOUS APPRIS JUSQU'ICI ?

Chhhhut....
DESSINEZ UN PANNEAU "NE PAS DÉRANGER..."
Qui ça ? Quand ça ?

RESTEZ ASSIS DIX MINUTES
À LA MÊME PLACE & DESSINEZ
CE QUE VOUS OBSERVEZ.

FAITES UNE PLAYLIST "REVANCHE" :

1. Michelle Branch
   "Are you happy now?"
2.
3.
4.
5.
6.
7.
8.

| **PROJETS DE VOYAGES** | PRÉVOYEZ DE VOUS ÉVADER LE TEMPS D'UN WEEK-END (& PARTEZ !)

LISTE DES CHOSES À FAIRE SUR INTERNET :

- ☐ Vérifier mes emails
- ☐ Vérifier mes notifications
- ☐ Mettre mon statut à jour
- ☐ Faire des recherches
- ☐ Twitter
- ☐ Lire mon blog préféré
- ☐ Vérifier mes emails
- ☐ Passer en revue des sites de shopping en ligne
- ☐ Lire le blog d'un ami
- ☐ En parler en mettant mon statut à jour
- ☐ Lancer une recherche sur moi-même
- ☐ Jouer
- ☐ Regarder une vidéo
- ☐ Deux fois
- ☐ OMG
- ☐ Vérifier encore mes emails
- ☐ Chatter avec ma mère
- ☐ Me déconnecter
- ☐ Sortir mon téléphone

Offrez-vous un jour de repos !

* ALLÔ ? Y A QUELQU'UN ? LES MOTS ? LES GRIBOUILLAGES ? VOUS ÊTES PASSÉS OÙ LES MECS ?
ALLÔ ? QU'EST-CE QUI M'ARRIVE ?!

QUELLE EST LA PERSONNE SUR LAQUELLE VOUS POUVEZ TOUJOURS COMPTER ?

Écrivez son numéro de téléphone, adresse, email, date d'anniversaire. Ne laissez pas cette personne sortir de votre vie. Dites-leur à quel point ils comptent pour vous.

CE N'EST que DU PAPIER !
DÉCHIREZ CETTE PAGE
EN DEUX.

Vous déchirez bien celle-ci en deux, hein ?

PEUT-ÊTRE QUE TOUT NE VA PAS BIEN AUJOURD'HUI, OU DEMAIN, MAIS ON VA S'EN TIRER, UNE PAGE APRÈS L'AUTRE, ALORS ACCROCHEZ-VOUS !

Cliquez ici pour continuer

www.moi-même.com

À MON SUJET :

QUI J'AIMERAIS RENCONTRER :

📷 PARTAGER #unjour1page

DIX CHOSES POUR LESQUELLES JE SUIS VRAIMENT DOUÉ(E)

1. Faire des listes
2.
3.
4.
5.
6.
7.
8.
9.
10.

* N'OUBLIEZ PAS QUE DEMAIN N'EST LITTÉRALEMENT QU'À UN JOUR D'ICI.

ÉCRIVEZ UN CONSEIL ABOMINABLE, PUIS IGNOREZ-LE.

Est-ce que vous avez remarqué mon goût immodéré pour les sucreries ? Vous avez un bonbon ? ✶

ÉTALEZ-VOUS

Qu'est-ce qui vous motive ?

CE LIVRE ⇄ 32 PAGES EN ARRIÈRE

DESSINEZ UNE ÉCHELLE
(Attention à la marche)

SCOTCHEZ UN PARAGRAPHE DÉCOUPÉ DANS UN JOURNAL SUR CETTE PAGE. RAYEZ LES PASSAGES QUE VOUS N'AIMEZ PAS.

ÉCRIVEZ UNE LETTRE
À UN ENFANT DE SEPT ANS.
CHOISISSEZ VOS MOTS AVEC SOIN !

ASSEYEZ-VOUS DANS UN AÉROPORT,
UNE GARE OU À UN ARRÊT DE BUS.
REGARDEZ LES GENS ALLER & VENIR.
Quelle est leur destination ?

HÉ MEC
QUOI
DE
NEUF ?

DURE JOURNÉE ?
VOUS N'ÊTES PROBABLEMENT PAS LE SEUL.
🖻 PARTAGER UNE PENSÉE POSITIVE
SUR #unjour1page &
REMONTEZ-NOUS LE MORAL !

C'EST VOUS QUI DÉCIDEZ

Quand vous avez le sentiment que personne ne vous comprend, souvenez-vous que c'est probablement parce que vous avez l'air vraiment bizarre. Puis, dépliez vos ailes géantes et décollez dans le soleil levant. Posez-vous sur la montagne proche de votre caverne. Crachez du feu dans le ciel et installez-vous pour surveiller vos œufs. ATTENDEZ, VOUS ÊTES UN DRAGON ? C'est gé-nial.

ÉCRIVEZ QUELQUE CHOSE EN MAJUSCULE & PUIS APPUYEZ SUR RÉPONDRE À TOUS

> DONNEZ CETTE PAGE À UN(E) AMI(E)

DÉCRIVEZ LE SOUVENIR OU
L'EXPÉRIENCE COMMUNS
QUE VOUS AVEZ PRÉFÉRÉS.

LAISSEZ DES PETITS MOTS D'ENCOURAGEMENT DANS DIFFÉRENTS LIEUX PUBLICS

	C'est parfait ce que vous faites. Foncez !
Ce ne serait pas le signe que vous attendiez ?	
Aujourd'hui, vous prenez soin de vous !	
	Je sens que quelque chose de bien est sur le point de se passer !

@mignonne82_ASPX3 21 h
WAOUH T DINGUE. OMG, C'EST TOI SUR
CETTE VIDÉO ??
blt.ly/xp94abzzQ

💬 VOIR   ← RÉPONDRE ⭐ FAV... PLUS

> COPIEZ CETTE PHRASE VINGT FOIS,
> OU JUSQU'À RETENIR LA LEÇON !

JE SUIS UN MEC À SUIVRE

IGNOREZ LES HAINEUX
(SÉRIEUX, LAISSEZ CELA EN BLANC)

CE N'EST que DU PAPIER !
ÉCRIVEZ UN MOT SUR UN BILLET DE
BANQUE & SCOTCHEZ-LE SUR CETTE PAGE.
Qu'est-ce qu'il "vaut" maintenant ?

COCHEZ LES HEURES AU FUR ET À MESURE QU'ELLES PASSENT :

- ☐ 0
- ☐ 1
- ☐ 2
- ☐ 3
- ☐ 4
- ☐ 5
- ☐ 6
- ☐ 7
- ☐ 8
- ☐ 9
- ☐ 10
- ☐ 11
- ☐ 12
- ☐ 13
- ☐ 14
- ☐ 15
- ☐ 16
- ☐ 17
- ☐ 18
- ☐ 19
- ☐ 20
- ☐ 21
- ☐ 22
- ☐ 23

Voilà, on est demain !

LA PLUPART DU TEMPS, NOUS SAVONS EXACTEMENT CE QUE NOUS AVONS BESOIN D'ENTENDRE.

ALORS, QU'EST-CE QUI SE PASSE ? ÉCRIVEZ LES FAITS ET REGARDEZ LES CHOSES EN FACE !

Vous vous êtes déjà fait masser ? C'est l'une des meilleures sensations au monde.
Attendez un moment où vous êtes vraiment épuisé... votre corps l'a bien mérité !

DESSINEZ UN PORTRAIT DE FAMILLE !

✱ VOUS POUVEZ Y ARRIVER (A PRIORI)

BILAN TRIMESTRIEL

REPENSEZ AUX TROIS MOIS ÉCOULÉS &
DONNEZ-VOUS UNE NOTE SUR L'ÉCHELLE DES SMILEYS

☺ 😐 ☹
Bien   Moyen   Médiocre

Allure générale ○	Progression personnelle ○	Forme physique ○
Capacité à anticiper ○	Prendre soin des autres ○	Manger équilibré ○
Rythme de sommeil ○	Être au top ○	Santé mentale ○
Créativité quotidienne ○	Faire preuve de bonté ○	Appeler ses parents ○
Travailler dur ○	S'amuser ○	Se conduire en ami ○
Rester calme ○	Faire de son mieux ○	Apprécier son espace personnel ○
Gagner sa vie ○	Sortir ○	Ce petit truc en + ○
Se sentir satisfait ○	Tweets marrants ○	S'en sortir ○

Cette journée m'a achevé, mais ça va

FAITES LA LISTE DES CINQ LIEUX OÙ VOUS PRÉFÉRERIEZ VOUS TROUVER, LÀ, TOUT DE SUITE :

1 _____

2 _____

3 _____

4 _____

5 _____

POURQUOI ?

CE N'EST que DU PAPIER !
DÉTENDS-TOI, MEC.

ÉLABOREZ LE SANDWICH PARFAIT

PAIN

INDIQUEZ LES AUTRES INGRÉDIENTS

PAIN

(LES MIETTES FONT PARTIE DE LA VIE.
LE SANDWICH N'EN RESTE PAS MOINS PARFAIT !)

DESSINEZ-VOUS UNE COUPE OU UNE AUTRE RÉCOMPENSE

WAOUH, C'EST IMPOSANT, VOUS DEVEZ ÊTRE QUELQU'UN DE VRAIMENT IMPORTANT !

 CONCOURS DE DÉGUSTATION DE HOT DOG

Dessinez autant de hot dogs que possible en cinq minutes. Prêt ? Partez !

DONNEZ CETTE PAGE À UN(E) AMI(E)

POURQUOI SOMMES-NOUS AMIS ?
QU'EST-CE QUI NOUS REND AUSSI INCROYABLES
ENSEMBLE ? (sois culcul, pas de souci !)

SCOTCHEZ UNE PHOTO QUE VOUS AIMEZ SUR CETTE PAGE. VOUS POUVEZ LA COUPER SI ELLE EST TROP GRANDE !

RETOURNEZ À UNE PAGE QUE VOUS AVEZ LAISSÉE BLANCHE & ESSAYEZ DE NOUVEAU !

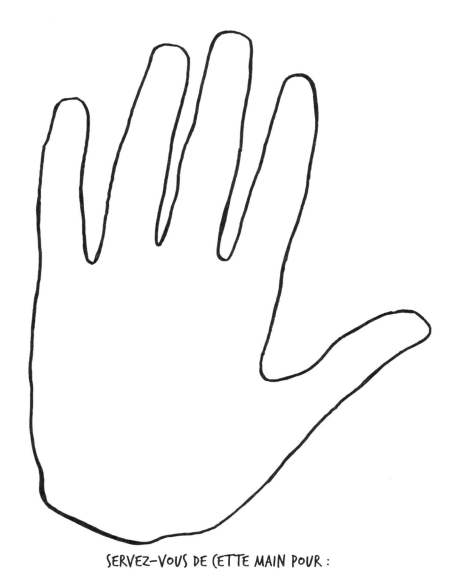

PRENEZ UN FIL. FAITES UN NŒUD.
SCOTCHEZ-LE SUR CETTE PAGE POUR
VOUS SOUVENIR DE N'IMPORTE
QUEL TRUC.

HÉ,
VOUS VOUS
SENTEZ BIEN ?

FERMEZ LES YEUX — IL N'Y A RIEN À VOIR ICI & C'EST LE BUT

1- DESSINEZ UN JOLI CADRE
2- LAISSEZ-LE VIDE
3- BEAU TRAVAIL

Chut

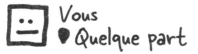

DESSINEZ VOTRE DÉJEUNER OU LE CIEL OU N'IMPORTE QUOI D'AUTRE

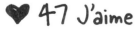

ÉTALEZ-VOUS

C'EST QUI LE MEILLEUR ?
(indice : vous)

04893 | VALABLE POUR VOUS | ***

QUELS SONT VOS OBJECTIFS POUR LE RESTE DE L'ANNÉE ?

COPIEZ CES LIGNES VINGT FOIS OU
JUSQU'À RETENIR LA LEÇON !

JE VAIS M'OCCUPER DE CE TRUC

DONNEZ CETTE PAGE À UN INCONNU

Vous trouvez ça bizarre ? Ne vous en faites pas, c'est "pour l'art". C'est ma faute, je suis un journal intime très directif.

DESSINEZ À GROS TRAITS LA PERSONNE À QUI VOUS AVEZ DONNÉ CE PAPIER.

FAITES UNE PLAYLIST DE SUPER REPRISES

1. When Saints Go Machine "Bittersweet Symphony"
2.
3.
4.
5.
6.
7.
8.

COMMENT DESSINER UN RECTANGLE

1 - ESSAYEZ DE DESSINER UN CARRÉ
2 - BEAU TRAVAIL !

[📷 PARTAGER] #unjour1page

LES SENTIMENTS QUE J'ÉPROUVE

- ☐ TRISTE
- ☐ FURIEUX
- ☐ CONTENT
- ☐ GENTIL
- ☐ PAS GENTIL
- ☐ JALOUX
- ☐ FIER
- ☐ DE MAUVAIS POIL
- ☐ DE BONNE HUMEUR
- ☐ TENDU

- ☐ FATIGUÉ
- ☐ MORT D'ENNUI
- ☐ APATHIQUE
- ☐ PATHÉTIQUE
- ☐ HEUREUX
- ☐ DANS TOUS MES ÉTATS
- ☐ AU RALENTI
- ☐ TRÈS AU RALENTI
- ☐ AMOUREUX
- ☐ ASSURÉ

* Offrez-vous ce truc que vous voulez vraiment ! *

NOUVEAU MESSAGE	
A :	
CC :	
CCI :	
OBJET :	

PRENEZ UN JOUR POUR VOUS !
ENVOYEZ UN MOT D'EXCUSE À VOTRE PATRON.

ÉCRIVEZ QUELQUE CHOSE #QUIVAUTLECOUP, PUIS #GACHEZLE AVEC DES #HASHTAGS.

CE N'EST que DU PAPIER ! COUPEZ CETTE PAGE EN BANDE & FABRIQUEZ UNE CHAÎNE.

Si vous dessinez quelque chose de ce côté, votre chaîne de papier sera bien plus marrante ! Peut-être quelque chose qui couvrirait cette phrase qui ne sert à rien. Franchement, qu'est-ce qu'elle fait là ?!!

| Comment faire p |

RECHERCHER

| Comment faire pour faire griller des toasts ? |
| Comment faire pour être drôle? |
| Comment faire pour rencontrer des extraterrestres ? |
| Comment faire pour rencontrer des mecs sympas ? |
| Comment faire pour déplacer ce rocher ? |

SI ON DEVAIT CRÉER UN SANDWICH EN VOTRE HONNEUR, COMMENT S'APPELLERAIT-IL ? QU'EST-CE QU'ON TROUVERAIT À L'INTÉRIEUR ? POURQUOI CET HOMMAGE ?

FAITES LA LISTE DE DIX CHOSES QUI VOUS RENDENT HEUREUX :

1. _____
2. _____
3. _____
4. _____
5. _____
6. _____
7. _____
8. _____
9. _____
10. _____

✷ JE NE SUIS QU'UN LIVRE,
MAIS JE CROIS EN VOUS

DÉCRIVEZ LE RENDEZ-VOUS DE VOS RÊVES

~~UNE SIESTE DE DIX HEURES, SEUL~~
~~WIFI GRATUIT~~

✱ Pourquoi suis-je aussi fatigué aujourd'hui ?

ZONE DE CONFORT

REMPLISSEZ CET OREILLER DE TRUCS
QUI VOUS FONT VOUS SENTIR BIEN !

> DONNEZ CETTE PAGE À UN(E) AMI(E)

DESSINE-NOUS DANS TRENTE ANS
(vas-y, pas de pitié !)

SCOTCHEZ UNE PETITE FEUILLE SUR CETTE PAGE. **OMG** EST-CE QUE C'EST UN MANQUE DE RESPECT ENVERS LES ARBRES ?

CONFIEZ UN SECRET SUR UNE CARTE POSTALE... ET SOUVENEZ-VOUS QUE TOUT LE MONDE PEUT LA LIRE !

C'ÉTAIT INCROYABLE !

C'ÉTAIT QUOI DÉJÀ LA CHANSON DONT VOUS ME PARLIEZ ?

AVEZ-VOUS DÉJÀ COLLECTIONNÉ DES TRUCS ?
AUTOCOLLANTS ? CARTES ? CHAUSSETTES ?
LISTEZ-LES OU DESSINEZ-LES CI-DESSOUS !

En parlant de collection, vous pouvez vous en faire une nouvelle avec tous les verres d'eau dispersés dans ce livre. À vous de les trouver ! ✶

IL N'Y A QUE VOUS ICI

PENSEZ À
L'EXTÉRIEUR
DU CADRE
(citation célèbre)

DESSINEZ QUELQUE CHOSE D'ABOMINABLE QUE VOUS NE POUVEZ PAS [DÉFAIRE]

ON SE SENT SEUL PARFOIS QUAND
ON EST UN LIVRE... SI VOUS L'AVEZ
MÉRITÉ, OFFREZ-NOUS À TOUS DEUX
UN NOUVEAU CRAYON OU UN STYLO !

GARDEZ VOTRE SANG-FROID

(PAS AU SENS LITTÉRAL !)

Comptez jusqu'à 100. Puis 200. Comptez jusqu'à couvrir la page ! *

Laissez un gros pourboire !

ALLEZ AU PARC.
BERRRK, LA NATURE !
COMMENT ÇA, Y A PAS LE WIFI ?
DESSINEZ L'ARBRE LE PLUS JOLI.

FAITES UNE PLAYLIST SPÉCIAL SANGLOTS :

1. The Antlers
   "I don't want love"
2.
3.
4.
5.
6.
7.
8.

REMPLISSEZ TOUT CET ESPACE. FIXEZ-LE. MAINTENANT, PASSEZ À AUTRE CHOSE.

DESSINEZ OU ÉCRIVEZ "SOUS L'EAU" EN RENDANT TOUS LES CONTOURS FLOUS. AJOUTEZ UN POISSON, POURQUOI PAS.

* Offrez-vous un café ou un thé ! *

COMMENCEZ À ÉCRIRE QUELQUE CHOSE MAIS SANS SAVOIR OÙ VOUS ALLEZ, NI MÊME SI VOUS ÉCRIVEZ UNE VRAIE PHRASE.

ÉVÉNEMENT SUGGÉRÉ
PRENDRE LE SOLEIL
`PARTICIPE` `PEUT-ÊTRE` `CACHÉ`

CE N'EST que DU PAPIER !
FABRIQUEZ UNE COURONNE.

* Il se peut que vous ayez besoin de couper trois bandes et de réaliser une couronne plus étroite si vous avez une plus grosse tête ! Si vous êtes un être humain par exemple, parce qu'après tout, c'est un petit livre, non ?

DÉCOREZ VOTRE CHAMBRE AVEC CES RUBANS À ÉPINGLER !

#unjour1page

VOUS Y ÊTES ARRIVÉ ! FÉLICITATIONS !

RÉDIGEZ UN COMMUNIQUÉ DE PRESSE POUR ANNONCER VOTRE GRANDE RÉUSSITE :

FAITES LA LISTE DE HUIT CHOSES DONT VOUS AVEZ PEUR :

1 _____

2 _____

3 _____

4 _____

5 _____

6 _____

7 _____

8 _____

✶ LA VIE EST UN BOULOT À PLEIN TEMPS

COMMENT VOUS SENTEZ-VOUS AUJOURD'HUI ?
OÙ CETTE ÉMOTION PREND-ELLE SES RACINES ?

ANONYME ÉCRIT :
WAOUH, SUPER BLOG !
AU FAIT, C'EST MAMAN. BISOUS !

| DONNEZ CETTE PAGE À UN(E) AMI(E) |

ÉCRIS UN SECRET ET REDONNE-MOI CE LIVRE.

| DIGÉREZ L'INFORMATION, RAYEZ-LA
ET N'EN PARLEZ PLUS JAMAIS. |

QU'Y A-T-IL DANS VOTRE SAC ?
DESSINEZ-LE & AJOUTEZ TOUT
CE QUI S'Y TROUVE !

SCOTCHEZ UN EMBALLAGE DE SUCRE VIDE SUR CETTE PAGE.
C'EST CE QUI S'APPELLE CASSER DU SUCRE SUR MON DOS !

SELON VOUS, QUEL EST LE TRUC LE PLUS À LA POINTE EN CE MOMENT ?

INDICE

Waouh ! Je parie que vous ne vous étiez pas rendu compte qu'on était au 250ᵉ jour ! Quelle a été votre page préférée jusque-là ? Vous avez déjà accompli 249 choses, alors félicitez-vous d'une claque dans le dos et préparez-vous pour la suite. Je serai avec vous jusqu'au bout ! ✱

QUE
S'EST-IL
PASSÉ
HIER SOIR ?

*** ok!

C'EST MIEUX D'ÊTRE OUVERT D'ESPRIT

[📷 PARTAGER] CETTE PAGE SUR #unjour1page COMME ÇA, ON POURRA TOUS VOUS ENCOURAGER !

PARFOIS DUR PARFOIS TENDRE, D'UN POTENTIEL INFINI MAIS PAS PERMANENT & TOUJOURS À LA POINTE.

ÉTALEZ-VOUS

*
HURLEZ ! HURLEZ ! HURLEZ !

Dessinez une grille, puis cochez chaque case comme un minuscule accomplissement.
C'est si bon ! Regardez tout ce que vous avez fait !

↖

(OMG, je n'arrive pas à croire que j'ai mis ça dans un livre !)

PEUT-ÊTRE DEVRIEZ-VOUS CROIRE EN QUELQUE CHOSE D'INTANGIBLE, AU CAS OÙ.

ALLEZ AU SUPERMARCHÉ. QUI VOYEZ-VOUS ?
REGARDEZ EN DOUCE CE QU'IL Y A DANS
LES CHARIOTS. À VOTRE AVIS, QU'EST-CE
QU'ILS ONT PRÉVU POUR LE DÎNER ?
QUI ACHÈTE LE PLUS DE CHOSES
À GRIGNOTER ?

FAITES UNE PLAYLIST POUR LE GRAND AMOUR

1. Lianne la Havas "Everything everything"
2.
3.
4.
5.
6.
7.
8.

📋 **STATUT MIS À JOUR**

> Exprimez-vous

[📷 PARTAGER] #unjour1page

CHECK-LIST DE L'ÉTÉ

- ☐ GLACE À L'EAU
- ☐ JOURNÉE À LA PLAGE
- ☐ PIQUE-NIQUE
- ☐ VENDEUR DE GLACES
- ☐ MOJITOS
- ☐ BARBE À PAPA
- ☐ ROAD TRIP
- ☐ TONGS
- ☐ CHEVEUX QUI BLONDISSENT
- ☐ COUP DE SOLEIL
- ☐ PIQÛRE D'INSECTE
- ☐ LIMONADE
- ☐ PAPILLONS
- ☐ SHORT COURT
- ☐ NUITS ÉTOILÉES
- ☐ AMOUR DE VACANCES
- ☐ FEUX D'ARTIFICE
- ☐ CERF-VOLANT

LES TRUCS QUE VOUS PRÉFÉREZ

entourez-en un

ROUGE
BLEU

CHOCOLAT
VANILLE

CHAUD
FROID

JOUR
NUIT

CAFÉ
THÉ

MAMAN
PAPA ← je plaisante !

STYLO
CRAYON

PANTALON
SHORT

HIER
DEMAIN

GARÇONS
FILLES

KETCHUP
MOUTARDE

CHATS
CHIENS

Parfois, on a l'impression qu'il n'y a pas qu'une seule bonne réponse. N'oublie pas, il y a toujours une solution alternative. Sinon, changez la question ! Ou n'y répondez pas ! C'est vous qui commandez. ✱

✱ Maintenant, dessinez vos trucs préférés de la page précédente !

ÉCRIVEZ UN MOT À QUELQU'UN QUE VOUS N'AVEZ JAMAIS RENCONTRÉ

Le rire est le meilleur des remèdes, mais vous savez quoi d'autre l'est aussi ? Un vrai médicament. Si vous ne vous sentez pas bien, allez consulter ! Pour le moment, notez quelques blagues pour la salle d'attente.

BILAN TRIMESTRIEL

REPENSEZ AUX TROIS MOIS ÉCOULÉS &
DONNEZ-VOUS UNE NOTE SUR L'ÉCHELLE DES SMILEYS

☺ 😐 ☹
Bien Moyen Médiocre

Allure générale ○	Progression personnelle ○	Forme physique ○
Capacité à anticiper ○	Prendre soin des autres ○	Manger équilibré ○
Rythme de sommeil ○	Être au top ○	Santé mentale ○
Créativité quotidienne ○	Faire preuve de bonté ○	Appeler ses parents ○
Travailler dur ○	S'amuser ○	Se conduire en ami ○
Rester calme ○	Faire de son mieux ○	Apprécier son espace personnel ○
Gagner sa vie ○	Sortir ○	Ce petit truc en + ○
Se sentir satisfait ○	Tweets marrants ○	S'en sortir ○

CE N'EST que DU PAPIER !
PLIEZ CETTE PAGE
EN DEUX.

SI VOUS DEVIEZ PORTER LA MÊME TENUE TOUS LES JOURS, ÇA SERAIT LAQUELLE ? QUEL EST VOTRE LOOK EMBLÉMATIQUE ? DÉCRIVEZ-LE OU DESSINEZ-LE CI-DESSOUS !

DESSINEZ UNE ÉPINGLE
AU CENTRE DE LA PAGE.
MAINTENANT, DESSINEZ UNE
MEULE DE FOIN. ESSAYEZ DE
NE PAS Y PERDRE L'ÉPINGLE !

IL Y EN A TOUJOURS PLUS QUE CE QUE L'ON CROIT
(Remplissez cette page d'astérisques)

* * * * * * *

"

HÉ, GROS DUR !
DESSINEZ QUELQUES TEE-SHIRTS,
PUIS COUPEZ-EN LES MANCHES.

JOURNÉE PLAGE ! OUAAIIIIIIIISSSSS !
DESSINEZ TOUT CE DONT VOUS AVEZ BESOIN :

QUI ÉTAIT VOTRE MEILLEUR(E) AMI(E) D'ENFANCE ? Est-ce que cela a changé ? Où est-il maintenant ?

SCOTCHEZ UNE MÈCHE DE VOS CHEVEUX SUR CETTE PAGE.
   UN JOUR, IL NE VOUS EN RESTERA PEUT-ÊTRE AUCUN !

*
Vous vous souvenez du jour où vous vous étiez écrit une lettre à vous-même il y a six mois ?
Retournez en arrière et retrouvez-la !

CE N'EST que DU PAPIER !
ÉCRIVEZ "Attention" AUTANT DE FOIS
QUE VOUS LE VOULEZ, PUIS DÉCHIREZ LA
PAGE EN PETITS MORCEAUX & JETEZ-LES
AU VENT.

« Voici ma page à jeter. »

HÉ !
COMMENT
VA
LA VIE ?

C'EST VOUS QUI DÉCIDEZ

REMPLISSEZ CET ESPACE
DE MAUVAISES HABITUDES
PUIS DÉCOUPEZ-LE !

NE PRÊTEZ PAS TROP ATTENTION AUX GENS QUI ONT RETOUCHÉ LEUR VIE POUR L'ÉTALER AU GRAND JOUR. #NOFILTER

ÉCRIVEZ LE MESSAGE QUE VOUS NE POUVEZ VRAIMENT PAS ENVOYER

FAITES LA LISTE DE CINQ PERSONNES QUE VOUS CONNAISSIEZ & DE CE QU'IL S'EST PASSÉ ENTRE VOUS :

1 ———————————————————

2 ———————————————————

3 ———————————————————

4 ———————————————————

5 ———————————————————

ÉCRIVEZ UNE LETTRE À UN "AMI"
SUR INTERNET QUE VOUS NE CONNAISSEZ
PAS & QUE VOUS NE VOUS RAPPELEZ PAS
AVOIR AJOUTÉ.

Envoyez une photo de cette page
pour briser la glace.

ÉTABLISSEZ UN PLAN D'ACTION POUR FAIRE FACE À VOS TÂCHES DE LA SEMAINE :

AUJOURD'HUI, LEVEZ LE NEZ !
RECHERCHEZ LES FISSURES, LES DALLES AU PLAFOND & LES DÉTAILS ORNEMENTAUX.
DESSINEZ OU DÉCRIVEZ VOTRE PRÉFÉRÉ.

FAITES UNE PLAYLIST POUR CHANTER SOUS LA DOUCHE :

1. Natalie Imbruglia "Torn"
2.
3.
4.
5.
6.
7.
8.

UNE CHOSE

AUCUNE CHOSE

N'IMPORTE QUELLE CHOSE

QUELQUE CHOSE

TOUTE CHOSE

CHECK-LIST POUR RENDEZ-VOUS AMOUREUX

- [ ] COIFFURE
- [ ] ESPIONNAGE SUR FACEBOOK
- [ ] 20 H
- [ ] NOUVELLE TENUE
- [ ] 20 H 05
- [ ] CHEWING-GUM
- [ ] LE/LA VOILÀ !
- [ ] PAUMES MOITES
- [ ] MORDILLAGE DE LÈVRES
- [ ] RIRE BRUYANT
- [ ] PAPILLONS DANS LE VENTRE
- [ ] SEX APPEAL
- [ ] AMI COMMUN
- [ ] BAVARDAGE
- [ ] RIRE PLUS
- [ ] PAROLES PROFONDES
- [ ] ALLONS DANSER
- [ ] NOUVELLE TOURNÉE
- [ ] PREMIER BAISER !!
- [ ] CHEZ MOI ?
- [ ] ÇA VA UN PEU VITE
- [ ] SMS À UN(E) AMI(E)

RACONTEZ-MOI UN TRUC
SUPER DRÔLE :

* Hahaha, la vache. OK. Pfff. Reprenons notre souffle. Racontez-moi quelque chose d'ennuyeux pendant que j'essaie d'arrêter de glousser.

WAOUH,
TOUT LE MONDE
ADORE VOTRE POST !

75 631 J'AIME ♥ ♡

CE N'EST que DU PAPIER !
DESSINEZ UN MUR DE BRIQUES.
COMMENCEZ À LE CONSTRUIRE,
 PUIS DÉTRUISEZ-LE EN DÉCHIRANT LA PAGE.

Si vous n'avez pas déchiré votre mur, pas de problème. Peut-être pouvez-vous le démanteler à votre propre allure, brique par brique. ✷

RACONTEZ-MOI VOTRE JOURNÉE !

QUEL EST LE MEILLEUR CONSEIL QU'ON VOUS AIT JAMAIS DONNÉ ?

QUEL ÉTAIT LE PREMIER ENTERREMENT AUQUEL VOUS VOUS ÊTES RENDU ? PENSEZ-VOUS QUE CELA SOIT ENSUITE PLUS FACILE ? COMMENT CHÉRISSEZ-VOUS & HONOREZ-VOUS UNE PERSONNE AIMÉE ?

FAITES LA LISTE DE DIX CHOSES QUE VOUS ADOREZ FAIRE :

1. _____
2. _____
3. _____
4. _____
5. _____
6. _____
7. _____
8. _____
9. _____
10. _____

NOUS SOMMES TOUS CONNECTÉS
(REMPLISSEZ CETTE PAGE DE SIGNAUX WIFI)

MAIS QUEL EST LE
mot de passe ?

Je la sens bien cette journée. ✶

IMAGINEZ LE JOB LE PLUS COOL AU MONDE, PUIS CONCEVEZ VOTRE CARTE DE VISITE !

RECTO :

VERSO :

ÉCRIVEZ LA PIRE HONTE QUI SOIT ARRIVÉE À VOTRE MEILLEUR(E) AMI(E), COMME ÇA VOUS POURREZ LA RACONTER À SON MARIAGE LORS DE VOTRE DISCOURS !

DESSINEZ LE REPAS PARFAIT, PUIS RECOUVREZ-LE DE SAUCE PIQUANTE !

HÉ,
OÙ
ÊTES-VOUS ?

QUI ÉTAIT LE GAMIN LE PLUS COOL DE L'ÉCOLE ?
OÙ EST-IL MAINTENANT ? ESSAYEZ DE LE RETROUVER
& VOYEZ CE QUE ÇA DONNE.

VIDE LITTÉRAL

Écrivez des gros mots en cursive.
C'est tout de suite moins méchant,
non ?

DESSINEZ LA CHOSE LA PLUS INUTILE QUE VOUS PUISSIEZ IMAGINER, PUIS AIMEZ-LA À JAMAIS.

ÉTALEZ-VOUS

DESSINEZ-VOUS SOUS LA FORME D'UNE CUILLÈRE.
À SOUPE OU À CAFÉ ?

FUYEZ !
OÙ ALLEZ-VOUS ?
QUEL SERA VOTRE NOUVEAU NOM ?

> COPIEZ LA PHRASE SUIVANTE VINGT FOIS, OU JUSQU'À RETENIR LA LEÇON !

J'Y REPENSERAI PLUS TARD ET J'EN RIRAI

REMARQUEZ LES TENDANCES MODE DANS VOTRE VILLE AUJOURD'HUI. QUELLE EST LA PLUS RÉPANDUE ? VOUS AVEZ VU DES CHOSES UNIQUES ?

FAITES UNE PLAYLIST
POUR UN MOMENT DE CALME :

1. Boards of Canada "Alpha and Omega"
2.
3.
4.
5.
6.
7.
8.

PROJETS DE VOYAGE

ORGANISEZ UN ROAD TRIP 100 % EUROPÉEN ! QUELLES SONT LES HUIT VILLES QUE VOUS VOULEZ VISITER ?

CETTE SEMAINE

- ☐ FAIRE LA GRASSE MATINÉE
- ☐ SE SENTIR BIEN
- ☐ CONTINUER COMME ÇA

* Sortez *ce **soir *
 *   *

UTILISEZ CETTE PAGE POUR PLANIFIER LE RESTE DE VOTRE VIE ET COMMENT VOUS ALLEZ VOUS Y PRENDRE. JE PLAISANTE ! POUR QUELLE STAR CRAQUEZ-VOUS ?

QU'EST-CE QUE VOUS AVEZ PRÉVU AUJOURD'HUI ?

FAUCHÉ(E) ? DÉCOUPEZ LES DENTS CI-DESSOUS & LAISSEZ-LES SOUS VOTRE OREILLER POUR LA PETITE SOURIS !

(DESSINEZ-EN PLUS SI VOUS EN AVEZ BESOIN)

Quoi ? Ce livre est presque fini ?! Je n'ai pas vu le temps passer. Ne me quittez pas ! Savourons ces dernières pages ensemble. ✳

RÉVEILLEZ-VOUS TÔT DEMAIN POUR REGARDER LE LEVER DU SOLEIL. QUI D'AUTRE EST DEBOUT ? QUAND ÊTES-VOUS SORTI DU LIT SI TÔT ?

SI QUELQU'UN NE VOUS AVAIT JAMAIS RENCONTRÉ MAIS VOUS AVAIT APERÇU À QUELQUES REPRISES, SELON VOUS, COMMENT VOUS DÉCRIRAIT-T-IL ?

FAITES LA LISTE DE HUIT PERSONNES AVEC LESQUELLES VOUS ADORERIEZ DÎNER :

1. _____

2. _____

3. _____

4. _____

5. _____

6. _____

7. _____

8. _____

VOUS AVEZ LU DE BONS LIVRES DERNIÈREMENT ?

NON, MAIS C'EST QUOI CE LIVRE ?
VOUS PENSEZ VRAIMENT QU'UN
AUTRE QUE MOI S'OCCUPERAIT
AUSSI BIEN DE VOUS ?
LAISSEZ-MOI DEVINER,
SES PAGES SONT NUMÉROTÉES.

SOYEZ PRÉVOYANT !

✱ J'essaie de rester positif, mais dire au revoir est toujours si difficile.
Remontez-moi le moral, racontez-moi une histoire qui finit bien !

DESSINEZ SIX MONTRES, L'UNE APRÈS L'AUTRE.

DONNEZ CETTE PAGE À UN(E) AMI(E)

Surprends-moi !

PIQUEZ UN SOUVENIR À UN(E) AMOUREUX(SE) & SCOTCHEZ-LE ICI... MAIS RIEN DE FLIPPANT !

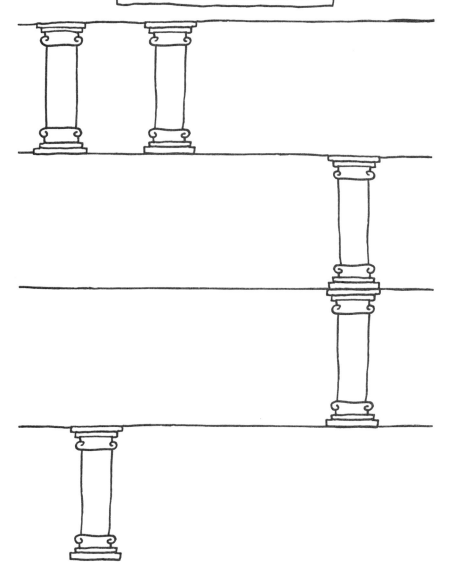

ÉCRIVEZ SIX NOUVELLES DE SIX MOTS CHACUNE :

✱ C'était difficile mais j'y suis arrivé.

GRIBOUILLEZ
TOUTE CETTE PAGE
AVEC MOI

Dessinez une grille. Que vise-t-on ? J'en sais rien, mais essayez de relier les points pour composer une figure et observez le résultat !   ✱

TOUT. VA. BIEN.

LES CHOSES SONT CE QUE
VOUS EN FAITES...
ALORS FAITES QUELQUE CHOSE !

BESOINS	DÉSIRS

ÉTALEZ-VOUS

*
Qu'est-ce que vous aimez chez vous ?

Double-cliquez

♡

pour aimer
cette page

1 – DESSINEZ UNE BICYCLETTE
2 – DESSINEZ UNE BICYCLETTE POUR DEUX
3 – DESSINEZ UNE BICYCLETTE POUR ZÉRO

* *SOUVENEZ-VOUS DE CE QUI EST IMPORTANT POUR VOUS.*

ALLEZ AU CENTRE COMMERCIAL. N'ACHETEZ RIEN.
DE QUOI AVIEZ-VOUS LE PLUS ENVIE ?

FAITES UNE PLAYLIST DES MEILLEURES CHANSONS AU MONDE :

1. Mariah Carey "All I want for Christmas is you"
2. C'est tout

MOINS ⏳ VITE

CHECK-LIST HIVERNALE

- ☐ SOUPE
- ☐ CHOCOLAT CHAUD
- ☐ ÉCHARPE DOUILLETTE
- ☐ CHAUFFAGE D'APPOINT
- ☐ BUÉE SUR LES LUNETTES
- ☐ HALEINE GIVRÉE
- ☐ BONHOMME DE NEIGE
- ☐ PIEDS FROIDS
- ☐ PATINS À GLACE
- ☐ BATAILLE DE BOULES DE NEIGE
- ☐ CHEMINÉE
- ☐ CÂLINS
- ☐ VACANCES AU SKI
- ☐ STALACTITES
- ☐ CORVÉE DE DÉBLAYAGE
- ☐ IGLOO
- ☐ NEIGE SALE
- ☐ FRIMAS DE FÉVRIER
- ☐ VÊTEMENTS MOUILLÉS
- ☐ RAB DE SOUPE

(Ne vous inquiétez pas, moi non plus je ne sais pas ce que je fais)

* Parfois la vie est difficile et on a l'impression que rien ne va.
Mais il y a toujours un lendemain, toujours une seconde chance. Je vous assure.

N'OUBLIEZ
JAMAIS
DE VOUS
SOUVENIR

CE N'EST que DU PAPIER !
VOUS VOUS SOUVENEZ QUAND VOUS AVEZ SCOTCHÉ UN BILLET DE 5 € SUR UNE PAGE ?
RETROUVEZ-LE & donnez-le !

BILAN TRIMESTRIEL

REPENSEZ AUX TROIS MOIS ÉCOULÉS &
DONNEZ-VOUS UNE NOTE SUR L'ÉCHELLE DES SMILEYS

☺ 😐 ☹
Bien Moyen Médiocre

Allure générale ○	Progression personnelle ○	Forme physique ○
Capacité à anticiper ○	Prendre soin des autres ○	Manger équilibré ○
Rythme de sommeil ○	Être au top ○	Santé mentale ○
Créativité quotidienne ○	Faire preuve de bonté ○	Appeler ses parents ○
Travailler dur ○	S'amuser ○	Se conduire en ami ○
Rester calme ○	Faire de son mieux ○	Apprécier son espace personnel ○
Gagner sa vie ○	Sortir ○	Ce petit truc en + ○
Se sentir satisfait ○	Tweets marrants ○	S'en sortir ○

ALBUM DE PROMO !
DESSINEZ CE À QUOI
VOUS RESSEMBLIEZ
AU LYCÉE.

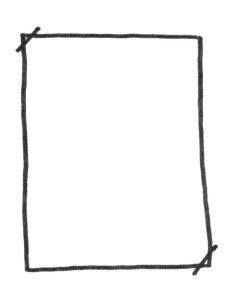

A TOUTES LES CHANCES DE :

FAITES LA LISTE DE CINQ CHOSES QUE VOUS VOULEZ ESSAYER :

1 _____

2 _____

3 _____

4 _____

5 _____

ACCROCHEZ-VOUS !

VOUS Y ÊTES ARRIVÉ !

IL EST BIEN LOIN LE TEMPS OÙ LES PAGES DE CE LIVRE ÉTAIENT ENCORE VIERGES... REGARDEZ-NOUS AUJOURD'HUI. VOUS AVEZ UN AN DE PLUS, ET JE SUIS REMPLI DE VOS EXPÉRIENCES, OBJECTIFS ET PLUS ENCORE.

JE NE SUIS PLUS LE MÊME. EN PRENANT LES CHOSES UNE PAGE APRÈS L'AUTRE, NOUS AVONS TOUS DEUX GRANDI. ALORS ATTRAPEZ UN STYLO & RAYEZ LE NOM DE CE TYPE SUR LA COUVERTURE. VOUS AVEZ FAIT TOUT CELA VOUS-MÊME & VOUS CONTINUEREZ.

CRÉEZ QUELQUE CHOSE, N'IMPORTE QUOI, CHAQUE JOUR. RENDEZ-EN COMPTE & CONSERVEZ-LE & ADDITIONNEZ LE TOUT. C'EST VOTRE VIE ET VOUS EN ÊTES L'ARCHITECTE.

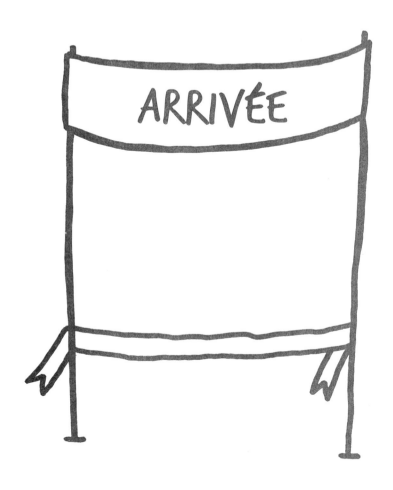

CE N'EST que DU PAPIER !
ENFONCEZ LA LIGNE D'ARRIVÉE.

ENFONCEZ LA LIGNE D'ARRIVÉE.
(CE N'EST que DU PAPIER !)

GRAVEZ CE QUE VOUS AVEZ ACCOMPLI

ATTENDEZ, AVANT DE ME QUITTER :

QUELLE EST LA CHOSE LA PLUS IMPORTANTE QUE VOUS AVEZ APPRISE CETTE ANNÉE ?

LISTEZ LES CINQ MEILLEURS MOMENTS

1 _____

2 _____

3 _____

4 _____

5 _____

DESSINEZ-VOUS
AVEC 365 JOURS DE PLUS :

QU'ALLEZ-VOUS FAIRE MAINTENANT ?

#FF#LEPREMIERJOURDURESTEDETAVIE

REMPLISSEZ CET ESPACE AVEC QUELQUE CHOSE DE GÉNIAL

Adam J. Kurtz est graphiste, artiste et quelqu'un de sérieux. Sa préoccupation première est de concevoir des œuvres sincères, accessibles, au nombre desquelles se trouvent une gamme de petits produits et l'auto-publication des calendriers "unsolicited advice". Il est l'auteur d'aucun autre livre.

Il vit actuellement à New York.

RENDEZ-VOUS SUR
ADAMJK.COM, @ADAMJK,
& JKJKJKJKJKJKJKJKJK.COM
(OU PAS !)

* Portrait par Ryan Pfluger

1. CE TRAVAIL M'EST PERSONNEL, MAIS N'AURAIT PAS ÉTÉ POSSIBLE SANS UNE COMMUNAUTÉ D'ARTISTES & DE CONCEPTEURS DONT LES CRÉATIONS PORTÉES PAR LE MÊME ESPRIT SONT À LA FOIS UNE SOURCE D'INSPIRATION & UTILES.

2. MERCI À TOUS CEUX QUI CROIENT EN MOI, MÊME QUAND JE N'AI AUCUNE IDÉE DE CE QUE JE SUIS EN TRAIN DE FAIRE. MA RECONNAISSANCE VA À QUICONQUE AYANT UN JOUR AIMÉ UNE DE MES RÉALISATIONS, M'AYANT ÉCRIT OU AYANT APPUYÉ SUR UNE ICÔNE EN FORME DE CŒUR.

3. J'AI CONÇU CE LIVRE LORS D'UNE ANNÉE DIFFICILE. IL PEUT SEMBLER IMPOSSIBLE DE TRAVERSER 365 DE QUOI QUE CE SOIT, MAIS CECI EST MON PENSE-BÊTE. MERCI À MES AMIS, MA FAMILLE & MITCHELL KUGA, QUI A ÉTÉ LES DEUX À LA FOIS.

4. MERCI À LA CHATTEUSE/AUTEURE MICHELLE BRANCH QUE JE CONNAIS PERSONNELLEMENT.

Imprimé en Espagne par Rotativas de Estella en octobre 2020
pour le compte des Éditions Hachette livre (département Marabout)
58, rue Jean-Bleuzen, 92178 Vanves Cedex
ISBN : 978-2-501-11007-5
15.4973.9/08
Dépôt légal : janvier 2016

Christiane Franke
MORD IM WATT
Broschur, 288 Seiten
ISBN 978-3-89705-827-9

»*Eine spannungsgeladene Lektüre bis zur letzten Seite.*«

Jeversches Wochenblatt

»*Christiane Franke entwickelt hier einen Krimi mit viel aktuellem Lokalkolorit ohne Längen – mit dunklen, eiskalten Auftragstätern, mit schwerkranken, verzweifelt nach Rettung suchenden Menschen und einer überraschenden Enthüllung zum Finale.*« Weser-Kurier

www.emons-verlag.de

Christiane Franke
MORD IST ALLER LASTER ENDE
Broschur, 256 Seiten
ISBN 978-3-89705-708-1

»*Ein unterhaltsamer Krimi mit allem, was zu einem guten Krimi dazugehört: interessante Schauplätze, ein Fall mit Überraschungen, eine Reihe Verdächtiger mit einsichtigen Motiven und vor allem einer Hintergrundgeschichte, die zum Dreh- und Angelpunkt der Handlung wird und nicht von Pappe ist. Ein Regionalkrimi, den man überall lesen kann.*« NDR 1

»*Ein fesselnder Kriminalroman mit glaubwürdigen Figuren.*«
Neue Rundschau

www.emons-verlag.de